EXTRAIT

DU

PROCÉS VERBAL

DES DIFFERENTES SÉANCES

PUBLIQUES

DE

L'ASSEMBLÉE

NATIONNALE

tenuë à CAYENNE le 7 Janvier 1777, 19 Mai
et Jours suivants.

EXTRAIT

DU

PROCÉS VERBAL

DES DIFFERENTES SÉANCES

PUBLIQUES

DE

L'ASSEMBLÉE NATIONNALE

tenuë à CAYENNE le 7 Janvier 1777, 19 Mai
et Jours fuivants.

SÉANTS EN LA DITTE ASSEMBLÉE

Monfieur DE FIÉDMOND, Brigadier des armées du Roi,
GOUVERNEUR.

Monfieur MALOÜET, Commisfaire général des Colonies,
ORDONNATEUR.

A   MES-

MESSIEURS DU CONSEIL SUPERIEUR

M. M. DE LA VALIERE, Colonel d' infanterie, Lieutenant de Roi.

VALLÉE, Lieutenant Colonel d' infanterie, major de la place

GROUSSOU, doyen.

PATRIS
MOLERE
BERTHIER } Conseillers titulaires
COURANT

ARTUR
PREPAUD } Asfesfeurs
VIAN

D'OUTREVILLE, Greffier.

M: DE MACAYE, Procureur Général.

Le Sr. LOEFFLER, Greffier de L'asfemblée

MESSIEURS LES COMMAN--DANTS DE QUARTIERS

M. M. DE PRE--FONTAINE Commandant à Kourou

ALBANEL DE LA SABLIERE à Oyapock

KERCKOVE, au Qr. de Cayenne

DE BALZAC, à Roura

NERON DE MORAN--GIÉS, à Approuague

DE MARCENAI, à Sinnamari

MAROT, à Macouria.

D E-

DÉPUTÉS
DES
PAROISSES

M. M. TENGUY
pour Cayenne { BOURDA

——— Remire { De CHAMBLY
{ ROBERT

——— Roura { De FAYOLLE
{ DOMENGÉ

——— Macou-
ria { DECOUX
{ METTEREAU

——— Oya-
pock- { BRISAUD
{ CLARAC

M. M. TERRASSON
pour Kourou { JUBIN

——— Sinnama-
ri { Le CHEVr. DE
{ FRANQUE-
{ -VILLE
{ DE la FORÊT

——— Approü-
ague { CALVET
{ PINEAU

PREMIERE SÉANCE,
du 7 Janvier

MONSIEUR le GOUVERNEUR
ayant pris La Parole a dit:

MESSIEURS!

» Nous allons vous donner une connoissance detaillée des intenti-
» ons du Roi pour l'accroissement et le bien général de la colonie.
» Nous Esperons de votre Zéle que vous coopérerez en tout ce qui dé-
» pendra de vous pour l'execution de ces vüss qui vont vous etre devé-
» loppées.

B

En-

(6)

Enfuite MONSIEUR LE COMMIS-
-SAIRE GÉNÉRAL ayant pris la Pa-
-role a dit:

M E S S I E U R S!

„ Le Caractére le plus diftinctif d'une administration jufte et éclai-
„ rée eft cette confiance touchante pour des hommes fenfibles, avec la-
„ quelle le fouverain daigne fe communiquer à fés fujets, et developper
„ à tous les yeux fes vuës, fes projets, fes ordres, fes motifs.

„ L'avantage le plus précieux pour le citoyen eft d'étre admis à déli-
„ berer librement fur la chofe publique, et de participer aux réfolutions
„ qui prononcent fur l'interêt de tous.

„ Tel eft, *Meffieurs*, l'objet de cette asfemblée des repréfentans de la
„ colonie, convoquée par le commandement de S. M. Nous vous expo-
„ ferons fes ordres et les Reglements qu'Elle nous a chargés de faire exé-
„ cuter. Si dans ce qui eft jugé utile, vous trouvez des inconveniénts,
„ nous ferons parvenir vos repréfentations aux pieds du Trône.

„ Nous vous confierons enfuite le plan qui nous eft prescrit pour l'ad-
„ miniftration économique, civile et Politique de cette colonie, et tout ce
„ qui n'eft point déffinitivement arrêté par fa Majefté, vous fera prefen-
„ té comme objet d'Examen et de déliberation libre, avec la certitude
„ de n'avoir à redouter de notre part ni prévention ni Syftéme. Quel
„ doit être en effet l'objet des hommes conftitués en autorité, fi ce n'eft
„ de faire le bien, d'empêcher le mal et de Conduire, par les routes les
„ plus fures, au bonheur général, le peuple confié à leurs foins.

„ Nous vous asfurons *Meffieurs*, que c'eft la notre vœu le plus ardent,
„ et que la récompenfe la plus flatteufe de nos travaux fera de vous en
„ voir convaincus.

„ Recevez donc avec confiance ce que nous vous dirons avec le défir vif
„ de vous être utiles, et marqués nous ce fentiment par la contradiction
„ trés libre de nos opinions lors qu'elles vous paroîtront contraires au bien
„ général.

„ Pour vous mettre plus à portée de nous éclairer, nous allons vous faire
„ connoitre, dans le plus grand detail, les principes que nous avons adop-
„ tés, et les vuës qui nous dirigent dans la maniére de regir et de Confi-
„ derer cette colonie.

„ Nous rapportons à trois caufes principales l'état d'inertie et de lan-
„ gueur où fe trouve *la Guiane* ; fa pofition rélativement aux autres colo-
„ nies, le vice du fol et du climat, celui de la diftribution locale des Eta-
„ bliffements qui y ont été faits.

„ Par

,, Par fa Pofition, Cayenne n'a jamais pu participer aux riches croifiéres
,, qui occupoient dans le dernier fiecle les flibuftiers dans le golphe du
,, Mexique et qui les ont fixés enfuite dans les antilles. Cet Entrepôt des
,, tréfors conquis fur les Espagnols, fut le premier véhicule du commerce
,, et de la culture, dont les fuccés nous étonnent aujourd' hui. Pendant que
,, l'or et l'argent circuloient dans ces parages et y attiroient les arma-
,, teurs Européens ; vos peres ifolés fur ce Continent commençoient à dé-
,, fricher une terre ingrate, fans moyens, fans fecours. Un fol fertile pou-
,, voit feul accrediter leurs entreprifes et appeller à eux, par l'attrait
,, des benefices, les fonds et les avances des capitalistes d'Europe ; Mais
,, quoiquil' y ait certains quartiers privilegiés, dont la terre réponde aux
,, Esperances du cultivateur, une longue experience et des obfervations
,, répétées, nous démontrent, Messieurs, que ce continent a été boule-
,, verfé par quelque grand accident de la nature. L'abfence des matie-
,, res calcaires; la fracture des rocs qui paroifent encore fillonés par les
,, feux ; la coupe des montagnes ; le melange defordonné du fable, du tuf,
,, de la terre végétale, des pierres vitrifiées ; la cesfation même des efforts
,, defastreux de la nature qui fe répofe et fe régénere dans cette partie
,, du globe, tandis que les autres font encore agitées par des feux fou-
,, terreins et des tremblements de terre: tout dépofe, Messieurs, de cet-
,, te caufe de fterilité inherente à la nature du fol; vous y avés ajouté,
,, ainfi que nos prédécesfeurs, par la distribution inconfiderée de vos
,, établisfements.
,, Au lieu de vous réunir et de vous concentrer dans un lieu circon-
,, fcrit, ou vous auriés trouvé les fecours fi precieux de la fociabilité,
,, vous vous etes ifolés à des distances énormes les uns des autres. Six cent
,, habitans font disperfés fur cent liéüés de côtes. L'Eloignement du
,, Chef-lieu multiplie les frais et les difficultes dans l'échange de vos
,, denrées et de vos befoins. La rareté néceffaire des artistes et des ouvriers
,, dans un païs pauvre et non peuplé, ne permet point aux quartiers
,, éloignés de profiter du petit nombre de ceux qui abordent à Cayenne.
,, L'oubli des loix, la violation de la police, la paresfe, l'ignorance,
,, ainfi que l'honnéeté, l'industrie et les talents, tout échappe à l'œil
,, attentif du Gouvernement, et la pauvreté, la langueur, fe perpetuent
,, malgré fes foins vigilans, Enfin un climat trés humide, les pluyes ex-
,, cesfives qui dégradent vos terres hautes et qui en entrainent incesfamemt
,, les fels dans les bas fonds paroifent etre un nouveau motif d'y fixer
,, vos Esperances.
,, Dans cette pofition, Messieurs, quel eft le plan le plus fenfé qu il
,, convienne d'adopter pour votre prosperité.
,, Seroit il digne de la fagesfe du Roi, et pourroit il vous être même uti-
,, le de déferer toujours aux vués particulieres qui vous ont jusqu' à pre-
,, fent conduits et égarés ? vous posfedés de vastes terreins : les claufes in-
,, violables des concesfions ont été violées. Vous avez abandonné, chan-

gé,

„ gé., multiplié vos travaux ; qu'en eſt il reſulté depuis cent ans ? La
„ dégradation des bois les plus précieux, ſans extention de culture, ſans
„ accroiſſement de richeſſes : cette terre cependant vous annonce ſa des-
„ tination naturelle ; en ſe refuſant aux grandes cultures elle vous mon-
„ tre des arbres utiles dont nos autres colonies et la métropole même
„ ſont depourvuës. Elle vous accorde en grains et en racines des recol-
„ tes abondantes, dont le debouché vous eſt asſuré : Elle vous offre des
„ paturages dont le ſuccés eſt deja conſtaté. Sa ſtérilité enfin pour les
„ productions les plus riches ſe trouve compenſée par les reſſources en-
„ core ignorées des terres baſſes et limoneuſes, nouvellement formées par
„ le depôt ſucceſſif des marées et des débordements ; tout ce que la
„ prévention pourroit y oppoſer eſt invinſiblement détruit par l'exemple
„ des Hollandois nos voiſins. Ainſi la Guyanne dans ſon état actuel,
„ malgré les vices de ſa poſition et de ſon ſol, malgré les malheurs que
„ nous avons à déplorer, eſt encore ſuſeptible des entrepriſes les plus
„ fructueuſes, lors qu'elles ſont ſubordonnées à un plan général, lors que
„ la ſageſſe et l'induſtrie, ſoutenuës par un Gouvernement protecteur,
„ en concerteront l'éxécution.
„ Voila, Meſſieurs, ce que nous avons à vous offrir de la part du
„ Roi. Le premier avantage que nous vous asſurons, comme la baſe de
„ toute proſperité ſociale, eſt une éxécution ſévére et impartiale des loix.
„ Les infracteurs les plus répréhenſibles ſont les adminiſtrateurs, lorsque
„ par une foibleſſe cruelle et deſpotique, ils diſpenſent les uns au préju-
„ dice des autres et préparent à tous les déſordres de l'anarchie, ou
„ des voies arbitraires. Nous eſperons, Meſſieurs, vous préſerver de ce
„ malheur. Dépoſitaires de l'autorité du Roi, nous la rendrons chere
„ et reſpectable aux gens honnêtes, réprimante pour ceux qui ſ'ecartent
„ des devoirs impoſés.
„ C'eſt d'aprés les vuës que nous venons de vous annoncer qu'eſt ar-
„ rête le plan d'adminiſtration qui nous eſt confié. Rendre cette colonie
„ utile aux autres par l'exportation des bois, des vivres, des animaux: voila
„ le premier moyen de richeſſe qui lui eſt aſſigné. Faire naître de ces
„ premiers produits l'augmentation des forces et l'etabliſſement des gran-
„ des manufactures dans les terres baſſes, y provoquer des placements
„ de fonds de la part des Capitaliſtes d'Europe par une grande fidelité
„ dans les engagements: Voila le but auquel nous atteindrons par des
„ Efforts unanimes et perſéverans.
„ ICI S'ARRETE le LEGISLATEUR: Et vous étes appel-
„ lés en déliberation ſur l'emploi des moyens, ſur les détails d'éxécution.
„ Vous diſtinguerés donc les ordres prononcés des queſtions à diſcuter.
„ Vos anciennes pratiques de Cultures ſont improuvées. Tout ceux ce-
„ pendant qui voudroient les conſerver, n'eprouveront d'autre contrainte
„ que celle de ſe voir circonſcrits dans un terrein dont l'etenduë ſera
„ meſurée ſur leurs forces ; mais ceux qui ſe livreront à la culture des
„ ter-

„ terres basses , ou à celle des vivres en terre haute , à l'exploitation
„ des bois , à l'etablissement des menageries ; ces differentes classes d'ha-
„ bitants recevront par preference tous les secours et encouragements que
„ le Gouvernement pourra leur procurer.
„ C'est d'aprés ces considérations que nous mettrons sous vos yeux les
„ differents objets de deliberation en vous faisant connoitre préalablement
„ les ordres et instructions que sa Majesté nous a adressés."

Et de Suite Lecture a été faite par le *Greffier*, des Ordres, Instructions, Reglements , dépêches adressées à M: M: les administrateurs pour le Gouvernement civil et économique de cette colonie; aprés quoi, *M. le Commissaire général Ordonnateur*, a dit:

„ Tout ce qui vient de vous etre communiqué, *Messieurs*, vous instruit
„ des Volontés et des vuès de Sa Majesté sur cette colonie. C'est à vous
„ maintenant à éclairer l'administration sur votre situation , sur vos be-
„ soins, sur vos ressources. Ces trois points principaux de déliberation
„ sont resumés en treize articles qui vont vous être proposés. Nous ne
„ demandons que la verité depouillée de toute considération et interêt
„ personnel.
„ Nous vous invitons à regarder l'instant où vos opinions feront ar-
„ rêteés , comme décisif pour cette colonie : et nous vous renouvellons
„ les vœux sinceres que nous faisons, pour que, vos Lumieres secondant
„ notre zélé, *la Guiane* et *ses Habitants* soient a Jamais heureux."

Lecture a eté faite par le *Greffier* des objets de délibération ainsi qu'il suit.

OBJETS DE DELIBERATION.

I. Savoir si les terres hautes sont généralement mauvaises et impropres à toute autre culture que celle des vivres , exepté dans les nouveaux abattis, ou le fumier des fedilles pourries suffit à la nourriture des plantes pendant deux ou trois années?

II. Si les terres baſſes ſont généralement bonnes et ſusceptibles de deſſéchement ? quelle augmentation de forces eſt neceſſaire pour y parvenir ? Quelle ſomme d'avances peut être proportionnée pour le terme de paiement aux dettes actuelles et aux revenus libres de la colonie ?

III. L'exportation des bois, des vivres, et des animaux paroiſſant être la reſſource la plus prochaine et la plus analogue à l'état actuel de la colonie, quels ſont les moyens les plus économiques de ſ'y livrer ? Ne conviendroit il pas de former une aſſociation d'habitants qui ſe deſtineroit en commun à l'exploitation des bois, et une autre aſſociation pour l'établiſſement des menageries, dans les differents quartiers qui ſeroient reconnus les plus propres à ces differents objets ?

IV. La conſommation du *Rocou* etant bornée, et la trop grande extention de cette culture ne pouvant que ruiner les entreprenneurs, ne conviendroit il pas de former auſſi une aſſociation des cultivateurs de cette denrée dans le quartier qui y ſeroit reconnu le plus propre, en en interdiſant la culture aux autres, ou en cherchant les moyens de la perfectionner ?

V. N'eſt il pas utile et conforme au bien général de rapprocher le plus qu'il ſera poſſible tous les Etabliſſements du chef-lieu, ou des principaux poſtes, en procurant aux habitans eloignés des facilités pour leur déplacement ?

VI. Le deſſéchement des terres baſſes n'exige t-il pas le même regime ? c'eſt à dire d'étre facilité et executé de proche en proche, ſans permettre dans aucun cas des Entrepriſes à de trop grande diſtances des lieux habités ?

VII. Quelle peut être la diſtribution la mieux ordonnée des cultures et des établiſſements : c'eſt à dire quelle eſt la deſtination la mieux indiquée par la nature, pour la culture et L'etabliſſement de chaque quartier ?

VIII. En ſuppoſant que cette deſtination ſoit conſtatée par des faits, ne doit elle pas être irrévocablement maintenuë ?

IX. Si l'on veut ſ'occuper avec précaution d'une population de blancs paſteurs et ouvriers, ne convient-il pas de leur aſſigner un quartier dans lequel ils pourroient ſucceſſivement ſ'étendre et former à la longue une chaine contre les négres marons ?

X. Si l'on peut rapprocher et fixer parmi nous pluſieurs peuplades d'Indiens, ne convient il pas dans la même vuë, de les engager à l'etablir dans une poſition determinée ?

XI. Les objets ci deſſus étant Examinés, discutés et arrétés, ne convient

vient il pas de faire une divifion des habitants par Clasfes, en fpecifiant les genres de cultures et le nombre d'habitants qui f'y livrent dans chaque quartier?

XII. L'inftitution d'une Chambre économique telle qu'elle eft propofée, remplira t- elle fon objet, eft elle fusceptible de quelque inconvenient ?

XIII. Vu la néceffité d' établir dans la colonie une circulation de fonds et d'avances, tant de la part de Sa Majefté, que de la part des Capitaliftes d'Europe , y à t-il pour y parvenir d'autre moyen que celui de donner aux fentences et jugements pour dettes une force irrefiftible, et aux engagements de toute efpece un caractere inviolable, ou qui ne puisfe jamais être violé impunement ? La feverité refultante de ces principes n'eft elle pas la bafe la plus fure de la proprieté , du credit et de la liberté civile?

Aprés cette lecture, *Monfieur le Procureur général* ayant pris la pa- parole, a dit: (°)

M E S S I E U R S!

,, LE ROI vraiment pere de fes fujets veille fans cesfe à votre bon-
,, heur. Il remet entre vos mains les interêts de cette colonie en ce qui
,, vous concerne. Il vous laisfe la liberté de lui indiquer les moyens qui
,, peuvent la rendre florisfante, et il vous invite à lui faire connoître les
,, resfources que l'on peut en tirer.
,, Pour parvenir à une fin fi defirable et fi utile, il vous eft propofé
,, differents objets fúr lesquels on demande votre avis.

I. QUESTION. ,, Pour repondre à une queftion aosfi interesfante, il
,, ne fuffit pas que nous fixions nos yeux fur notre propre terrein, ou
,, que nous portions notre vuë fur les campagnes de nos voifins, il faut
,, porter fes regards fur tout un quartier, fur les differentes contrées qui
,, font habitées: il faut les porter fur la *Guyane entière*. Toutes les ter-
,, res hautes ne font pas bonnes, mais elles ne font pas toutes mau-

,, vai-

(*) Toutes les queftions contenuës dans les objets de deliberations qui précedent, font relatées avant leurs reponfes dans le discours de M. *de Macaye*; mais pour ne pas rendre cette Expedition trop volumineufe et ne pas repeter mot à mot ces mêmes queftions, on f'eft contenté, de renvoyer à leur numero ; par ce moyen on pourra recourir à chaque article avant d'en lire la reponfe qu'y fait ce *Magiftrat*.

,, vaiſes: il y en à de médiocres, il y en à de ſteriles. Par un examen
,, étendu on pourra dire avec certitude et en général ce que ſont les
,, terres dont on demande aujourd'hui à definir la qualité productive.

II. QUESTION. ,, Cet objet renferme trois propoſitions également
,, importantes qui ſont autant de queſtions.

.1 *Les terres baſſes ſont elles généralement bonnes ?* ,, C'eſt un problème
,, qui ne peut etre reſolu qu'en partie, et par ceux qui cultivent ces
,, ſortes de terres. Ce ſont eux qu'il faudra principalement conſulter: et
,, comme ils ſont répandus dans differents quartiers de l'iſle et du con-
,, tinent, on pourra juger par leurs eſſais et par leurs ſuccès, qu'elle
,, eſt la nature de ces terres et ce qu'on peut attendre de leur culture.

,, 2. *Mais quelle dépenſe faudra t- il faire pour les mettre en état d'etre*
,, *cultivées ?* ,, Cela peut dépendre de la ſituation de ces terres, des Eaux
,, environnantes, et d'autres circonſtances qui ne ſont pas partout les
,, mêmes : et c'eſt ce qui ſera le ſujet d'un grand examen.

,, 3. ,, Quand à la troiſieme queſtion qui eſt de ſavoir: *Combien il peut*
,, *reſter de revenus libres à la colonie pour rembourſer, dans un certain*
,, *tems prefixe, les avances qui ſeront faites pour parvenir à mettre ces*
,, *terres baſſes en valeur ?* la ſolution dépend de deux objets à exa-
,, miner ; l'un, quelle eſt la maſſe des revenus annuels de la colonie ;
,, l'autre, de ſavoir de quelle ſomme cette maſſe eſt chargée par les det-
,, tes contractées avec le commerce ou avec les particuliers. C'eſt une
,, affaire de calcul qui demande de la combinaiſon, des ſoins et du tems.

III. QUESTION. ,, Pour donner un avis judicieux ſur ces queſtions,
,, il faut connoitre ce que peut produire l'exploitation des bois et les
,, revenus qu'on tire des menageries. Il y à ſans doute des lieux pro-
,, pres dans la colonie pour remplir ces deux objets. Il ne ſ'agit que
,, de ſavoir ſ'ils ſeront d'une utilité plus grande que celle de la cul-
,, ture actuelle des terres. Il faut encore ſ'inſtruire ſi l'exploitation des
,, bois et des menageries en ſocieté ſeroit plus utile et plus lucrative
,, pour la colonie et pour le particulier. C'eſt ce qui paroitra de cet-
,, te utilité qui pourra reſoudre la queſtion.

IV. QUESTION. ,, Il eſt certain qu'il ſe fabrique plus de *Rocou* qu'il
,, ne ſ'en comſomme. Le décreditement dans lequel eſt cette denrée
,, depuis pluſieurs années en eſt la preuve évidente. Il paroit donc
,, utile et même neceſſaire d'en borner la culture et d'en perfectionner
,, la manufacture ; mais comment y parvenir ? c'eſt ce qui paroit diffi-
,, cile et ce qui demande une ſerieuſe attention ; ainſi cet objet doit
,, etre murement examiné.

V. QUES-

V. QUESTION. „ Il eſt certain qu'il feroit utile que les habitans ne
„ fuſſent point feparés à de grandes diſtances les uns des autres. Mais
„ peut etre leurs habitations ne font elles pas ſi eloignées que la pro-
„ poſition femble l'annoncer. C'eſt ce qu'il eſt aiſé de voir, foit par
„ les cartes dresſées, foit par d'autres connoiſſances que l'on peut pren-
„ dre fur cet objet, et ce doit être le fujet d'un coup d'œil attentif.
„ Il eſt également certain qu'un habitant trop eloigné trouvant une
„ bonne terre à la proximité du chef-lieu et des moyens de f'y ha-
„ bituer, auroit tort de ne pas abandonner une habitation trop diſtante,
„ où il ne feroit pas facilement fecouru dans le befoin et dans l'occa-
„ fion.

VI. QUESTION. „ Si les terres baſſes à cultiver étoient toutes réü-
„ nies et ne formoient qu'une feule plage, comme à *furinam*, il ne
„ faudroit pas un long examen pour prouver qu'il feroit avantageux que
„ toutes les habitations fuſſent contiguës: telles font les terres baſſes de-
„ puis *Mahuri* jusqu'a *Kaw*; mais comme il f'en trouve en bien moin-
„ dre quantité qui font dépendantes des habitations de quelques proprié-
„ taires, il femble que cette contiguité des habitations ne fauroit avoir
„ lieu dans ces circonſtances. C'eſt ce qui paroîtra encore mieux par
„ l'examen qui en fera fait. Il eſt d'ailleurs certain que bien des ha-
„ bitants fe determineroient à les cultiver ſi on en donnoit les facilités.

VII. QUESTION. „ C'eſt par l'inſpeſtion des terres, c'eſt par la
„ qualité des végétaux qui y croiſſent que l'on peut refoudre cette
„ queſtion pour les quartiers de la colonie qui ne font pas encore ha-
„ bités: quant a ceux qui font cultivés depuis longtems, c'eſt par la
„ nature même des cultures qui y ont été et y font encore tentées,
„ qu'on peut juger de la qualité et de la nature de leur fol; ainſi il
„ faut un examen reflechi pour fatisfaire à cette propoſition.

VIII. QUESTION. „ Cela paroît être hors de doute tant que les cir-
„ conſtances demeureront les mêmes et que la terre ne fe refufera point
„ aux mêmes cultures.

IX. QUESTION. „ Cette propoſition demande une grande connois-
„ fance de l'interieur des terres, dès bois qui y croiſſent, de la nature
„ du fol, des favannes naturelles qui peuvent f'y trouver, de la qua-
„ lité du terroir propre à y en former d'artificielles, des moyens et du
„ tems neceſſaires pour les former. Ces connoiſſances priſes, on pourra
„ déterminer un avis judicieux et certain fur cet objet.

X. QUESTION. „ Ceux qui connoiſſent le genie des peuples indiens,
„ leur maniere de vivre, leurs haines refpeſtives, leurs guerres de na-
„ tion à nation, leur amour pour la liberté, les difficultés qu'ont eu les
„ miſſionaires d'en raſſembler un petit nombre auprés de Eux, quoi-

D

„ qu-

,, qu'ils les y invitaſſent par des préſents, par des ſecours donnés à pro-
,, pos et par toutes ſortes de moyens, trouveront ce projet bien difficile
,, à executer; mais enfin on peut le tenter et pour le faire fructueu-
,, ſement, il faudra envoyer chez eux des miſſionaires zélés.

XI. Question. ,, Si cette diviſion d'habitans par claſſe ne met au-
,, cune difference entre Eux, il n'y auroit peut être point d'inconvenient
,, à la faire. Cet objet pourtant merite d'etre examiné.

XII. Question. ,, C'eſt d'aprés le plan bien examiné de cette
,, chambre économique que l'on pourra juger de ſon utilité ou des in-
,, convenients dont elle peut etre ſuſceptible.

XIII. Question. ,, Il eſt certain que la fidelité à tenir ſes enga-
,, gements eſt la baſe du crédit et du commerce: il eſt certain encore
,, que l'infidelité a tenir ces mêmes engagements eſt la ruine de ce mê-
,, me crédit et de ce même commerce. Cette infidelité doit etre repri-
,, mée par la ſévérité des loix et par la force irréſiſtible des jugements.
,, Ce ſont les moyens utiles. Ceux qui contracteront enſemble pourront
,, prendre des ſuretés plus etenduës ſ'ils en trouvent qui ne ſoient point
,, contraires aux loix: D'ailleurs ce point eſt aſſez de conſéquence pour
,, être examiné ſerieuſement.
,, Tels ſont Meſſieurs, les objets ſur les quels vous avez à déliberer. Le
,, ſort de la Guiane eſt presque entre vos mains. Vous devez donc pren-
,, dre les connoiſſances les plus grandes ſur ces objets, afin que le re-
,, ſultat de vos deliberations faſſe le bonheur de cette province, ſerve
,, à votre utilité particuliere et rende vos noms chère à la patrie.
,, Mais pour que vous acqueriés les lumieres neceſſaires pour vous de-
,, terminer au meilleur avis, nous penſons quil vous faut du tems pour
,, y reflechir et que l'on doit vous donner à tous des copies de ces
,, objets, afin que vous ſoyés en etat de vous décider ſur ce qu'ils ont
,, d'important, à la premiere aſſemblée que nous croyons devoir etre
,, prorogée pour cet effet jusqu'aux fêtes de Pâques.

Monſieur le Commiſſaire général Or-
donnateur, ayant recueilli les voix
qui ont été unanimes:

Il a été arrêté que, vû l'importance des objets mis
en déliberation, copie des propoſitions ſeroient delivrées
à Meſſieurs les *Deputés*, pour ſur les inſtructions et
renſeignements à prendre par Eux dans leurs quartiers res-
pec-

pectifs , être fur le tout ſtatué déffinitivement en une ou pluſieurs ſéances dont la plus prochaine eſt aſſignée au mecredi deux Avril prochain.

SECONDE SÉANCE

DE

L'ASSEMBLÉE NATIONNALE

Remiſe du 3 Avril au 19 Mai 1777 et jours ſuivants, attendu la Maladie de *M. Maloüet*

LA SÉANCE a été ouverte par le discours ci après, prononcé par *M. le Commiſſaire général Ordonnateur.*

MESSIEURS!

,, En vous voyant de nouveau réunis le premier ſentiment qui m'óc-
,, cupe eſt celui de la reconnoiſſance. Ie n'oublierai jamais les mar-
,, ques d'interêt que j'ai recües de M. LE GOUVERNEUR et de
,, vous, *Meſſieurs*, dans un moment où tout échappe, hors le temoigna-
,, ge de notre conſcience et les ſignes touchans de l'eſtime publique.
,, Je ne puis continuer à y prétendre que par une fidélité inviolable
,, dans la pratique de mes devoirs. Si les détails ceſſoient jamais de vous
,, en être agreable, veuillez vous reſſouvenir, *Meſſieurs*, que les qualités
,, qui conſtituent l'homme public ſ'eloignent infiniment de celles qui
,, ſuffiſent à l'homme privé pour ſ'attirer la bienveillance de ſes ſem-
,, blables. Le Premier ne doit la ſolliciter que par l'amour de la Juſti-
,, ce, par un zéle ardent pour le bonheur et l'ordre public, qui le rend
,, ennemi de tous ceux qui y portent la moindre atteinte. Les mœurs
,, faciles et douces qui font le charme de la vie privée, la bonté indul-
,, gente qui voile ou diſſimule les défauts de ceux qui nous entourent,
,, deviennent ſouvent, des qualités dangereuſes dans un adminiſtrateur. Sa
ſen-

„ fenfibilité doit confifter à empecher l'oppreffion des foibles, en tenant
„ les méchants fous le joug, en veillant à la fureté de tous; fa bon-
„ té ne peut être utile qu'autant qu'elle l'enflame de l'amour du bien
„ et repouffe avec autorité ceux qui voudroient y mettre obftacle.
„ Ainfi fi l'on pouvoit ranger fur deux lignes les bons et les me-
„ chants, l'homme jufte qui marcheroit au milieu d'Eux produiroit
„ fur leurs vifages deux fenfations differentes, la confiance et l'ef-
„ froi : la calomnie et les bénédictions l'accompagnent, tandis que
„ l'Homme foible inutile aux uns et meprifé des autres, eft encore
„ par fon inertie complice des défordres publics. Mais f'il eft des de-
„ voirs rigoureux pour l'adminiftrateur, qui l'expofent au déplaifir de fai-
„ re des mécontens, avec quelle douce fatisfaction ne fe dédommagera
„ t- il pas du role pénible qui lui eft impofé, lorsqu'il pourra auprés du
„ fouverain et de fon Miniftre, plaider la caufe des peuples, expofer
„ leurs befoins, folliciter les bontés du Prince et l'extention de fes gra-
„ ces ? telle eft *Meffieurs*, nous ofons vous le dire, la plus douce oc-
„ cupation de *M. de Fiédmond* et de fon *Collègue*.
„ Le Miniftre qui rendra compte au Roi des actes de cette affem-
„ blée, nous referve fans doute ce glorieux temoignage. Il eft en etat
„ de juger fi des avocats par vous nommés, deffendroient vos interêts
„ avec plus de zéle que ceux qui vous gouvernent.
„ Nous avons la confolation de voir *Meffieurs*, que vous n'en dou-
„ tés point, et nous nous flattons d'avoir fait ce qui étoit néceffaire
„ pour vous infpirer cette confiance.
„ Aucun de nos prédéceffeurs n'a eu l'avantage de vous préfenter à
„ la fois autant des preuves de la bienveillance du Roi et des foins du
„ miniftére pour le païs que vous habitez. Aucun n'a mis moins de
„ myftere dans l'execution des ordres du Gouvernement: vous connois-
„ fez le développement de fes vuës : ce que nous avons fait, ce qui
„ nous refte à faire a été precedé de la communication des ordres, des
„ inftructions qui nous dirigent. Nous vous avons expofé avec candeur
„ nos propres opinions; a peine vous etes vous feparés que nous avons
„ difcuté en peres de famille vos propres interêts avec *M: M: du confeil*
„ *fuperieur* ; recherchant leurs avis, encourageant leur improbation fur ce
„ qui pouvoit en être fufceptible, et cette conduite, dont l'objet n'eft
„ point de nous rendre agréables, mais utiles, ne f'eft point démentie.
„ Cependant nous ne nous flattons pas de concilier tous les fuffrages,
„ d'accorder les interêts divers.
„ Puiffions nous feulement, dans ce jour mémorable, faire fortir de
„ vos difcuffions l'avis le plus utile, et de vos obfervations les faits
„ qui font le mieux conftatés, c'eft ce que nous esperons, *Meffieurs*,
„ des fentiments d'honneur et de patriotisme qui vous animent. Nous
„ fommes furs au moins et nous nous en félicitons, de n'avoir à crain-
„ dre dans nos differences d'avis, que cette espece d'Erreur dont l'hon-
nêt-

,, nêtteté ne rougit point. Heureux de n'avoir point à combattre des
,, fyftèmes défaftreux, ni ces hommes pervers qui ne fauroient croire au
,, bien, par ce qu'ils font incapable de le faire; qui voudroient répandre
,, fur la Lumiere et la verité même, les tenebres de leur cœur; qui
,, voudroient anéantir la confiance qu'il ne peuvent plus infpirer ni
,, fentir.

,, Nous favons que chacun de vous, penetrés de l'importance de
,, fa miffion f'eft appliqué a en étudier les détails et que vous etes
,, inftruits de la pofition, de l'etat et des befoins de vos diftricts.

,, Mais vous n'oubliérez pas que vous avés à déliberer fur des vuës
,, générales, qui embraffent toute la colonie, et que les exeptions, les con-
,, fiderations ifolées ne peuvent être admiffible qu'autant qu'elles ne nui-
,, ront point à l'interêt général.

,, Nous avons auffi taché d'acquerir les connoiffances analogues aux
,, objets fur lefquels nous devons prononcer.

,, M. Le Gouverneur avoit vû et refléchi depuis longtems, fur toût
,, ce qui m'etoit etranger. J'ai donc vifité particulierement tous les
,, poftes, les principales rivieres et la majeure partie des terres hautes
,, et baffes de la colonie : j'ai examiné l'etat et la quantité des trou-
,, peaux, des favannes qui les nourriffent, les plantations et les manufactu-
,, res diverfes, les communications établies, les obftacles et les moyens:
,, j'ai comparé les fuccés de l'activité, de l'induftrie, de l'intelligence,
,, de l'ordre interieur, aux effets malheureux de l'ineptie de la pareffe
,, et d'une mauvaife police; les bonnes et les mauvaifes terres m'ont
,, offert l'un et l'autre fpectacle. J'ai vu fur un banc de fable, un
,, homme fain et robufte cultiver feul quatre quarrés de terre, et obtenir
,, par fon travail la richeffe relative à fon état; fur un fol plus fertile,
,, j'ai trouvé des hommes languiffants, vivant miferablement, fans fecours,
,, fans efperance d'en obtenir.

,, Je n'ai pu jetter qu'un coup d'œil rapide fur les differents quar-
,, tiers que j'ai parcouru ; mais, outre que vos obfervations, *Meffieurs*,
,, rectifieront les miennes, je crois que les objets effentiels ne m'ont
,, point échappé. J'ai furtout reconnu combien font infructueux, dan-
,, gereux même, ces petits etabliffements de blancs disperfes fur vos
,, rivieres, errants d'un lieu à l'autre fans ordre, fans police, privés
,, pour la plupart de toute fubfiftance lorfque le gouvernement ne leur
,, en fournit plus, et f'éteignant fucceffivement dans la langueur et la
,, mifère. J'ai vu un de ces malheureux éloigné de fept lieuës de tou-
,, te habitation, en proie aux tourments de la faim. Des ateliers de
,, Négres abandonnés dans ces deferts, fans propriétaire ni regiffeur,
,, m'ont préfenté d'autres abus non moins funeftes. J'ai trouvé fur une
,, de ces habitations le bois à enivrer le poiffon cultivé en pepiniere.
,, En certains lieux la fertilité de la terre f'annonce par des producti-
,, ons merveilleufes et follicite inutilement l'induftrie et les foins du

E

,, pro-

„ propietaire ; ailleurs des hommes laborieux s'obſtinent à perdre leur
„ piene et leur argent ſur le plus mauvais ſol.

„ En total, *Meſſieurs*, j'ai vu ſur pluſieurs points des améliorations
„ poſſibles, des changements néceſſaires, mais nous ne voulons pas pré-
„ venir vos remarques et vos opinions, il nous ſuffit d'etre en etat de
„ les entendre.

„ Nous vous avions annoncé une opération eſſentielle pour parvenir
„ à procurer à cette colonie un accroiſſement de forces, c'eſt la con-
„ noiſſance des dettes dont elle eſt chargée et de ce qui lui reſte de
„ revenus libres pour ſupporter une avance quelconque. L'ordre que
„ nous avons fait publier à cette occaſion avoit encore pour objet
„ d'examiner jusqu'a quel point il eſt poſſible de livrer les débiteurs à
„ la merci de leurs créanciers, quelle ſomme de Paiement étoit exigible
„ ſur l'heure ou quels ſont les termes néceſſaires. Ces vuës ſages, ſont
„ devenuës pour pluſieurs un objet de défiance et d'effroi et nous
„ n'avons pu les remplir. Nous déſirons que la confiance de vos com
„ patriotes ait été plus entiere en vous et que vous puiſſiez nous pro-
„ curer les lumiéres qui nous manquent.

„ C'eſt de la verité des faits et de la réunion des esprits que ſor-
„ tiront des reſultats utiles, mais au contraire, les prejugés obſtinés,
„ les aſſertions contradiĉtoires, les plans biſarres et defeĉtueux, laiſſeront
„ longtems la colonie dans l'etat où nous l'avons trouvée.

„ Pour proceder avec ordre dans vos déliberations vous commencerez
„ par entendre la leĉture de tous les memoires qui ſeront propoſés.
„ L'aſſemblée adoptera ou rejettera en tout ou en partie chacun de ces
„ mèmoires. Vous nommerez enſuite des commiſſaires pour reſumer ce
„ qui ſera relatif dans ces écrits, à la colonie en général et a chaque
„ quartier en particulier. Ce travail preſenté ſous deux colonnes ſera
„ la matiere du dernier examen, d'après lequel nous recueillerons les
„ voix ſur chaque propoſition, et votre arrêté litteral ſera envoyé au
„ Miniſtre du Roi et mis ſous les yeux du public.

„ Vous êtes, *Meſſieurs*, conſtitués rapporteurs d'une grande affaire.
„ Vous avez pour juges le Roi & ſon conſeil. Vos parties, vos cliens,
„ vos temoins ſont la Colonie, la Metropole & la Poſterité.

De ſuite *M. M. du Conſeil ſupe-*
rieur , *Commandants et Deputés*
ayant été invités à donner leur
avis verbalement òu par ecrit ſur
les objets de déliberation, cette
ſéance, celle du vingt et vingt
un,

un, ont été Employées à la lecture de Neuf memoires, prefentés
par *M. M. les Députés des pa-
roiffes de la colonie*, dont le refumé fe trouve ci après.

Lecture faite des dits Memoires,
et avant de préndre les voix *M. le
Commiffaire général* parlant au nom
de M. le Gouverneur et au Sien
a dit :

M E S S I E U R S!

„ Nous voila fuffifament inftruits de vos avis differents fur les ob-
„ jets de Déliberations, cette connoiffance nous étoit neceffaire pour
„ déterminer le nôtre ; mais le projet que nous avions de ne travailler
„ que fur l'arrêté de l'affemblée ne nous permet pas aujourd'hui de
„ nous étendre fur chacune de nos propofitions ni fur celles qui nous
„ ont été faites par plufieurs députés. Une feule chofe au furplus
„ vous importe, c'eft de favoir dans quel esprit vos chefs rendront comp-
„ te au Roi de l'état de cette colonie ; cequ'ils avanceront comme
„ verité ou erreur, comme moyens utiles ou impraticables. Voici à cet
„ egard un précis de nos vuës. Nous nous déterminons d'autant plus vo-
„ lontiers à vous les communiquer et à les livrer même à votre examen,
„ qu'elles ne font pas en tout conformes à celles que vous avés adoptées.
„ I. Les terres hautes de la Guiane nous paroiffent généralement
„ mauvaifes et inferieures à celles des antilles; cependant nous en avons
„ vu de bonne qualité, à Oyapock, fur la rive gauche d'Approuague,
„ à Remire à Macouria, à Kourou et à Sinnamari. Leur difperfion eft
„ fans doute le feul obftacle à un fyftéme de culture intereffant, qui
„ exige en Amerique la réünion ou la proximité des agents du commerce
„ et des arts. L'ufage des engrais et du repos dans les terres mediocres
„ réüffiroit vraifemblablement ; mais il n'y a que les grands propriétaires
„ en etat de f'y livrer. Les cultivateurs dépourvus de moyens languiffent
„ même dans les meilleures terres, et nous penfons que le plus grand
„ nombre de celles que vous travaillés aujourd'hui ne font point en etat
„ de fupporter l'interêt des avances qui leur feroient néceffaires.

„ II

,, Il n'en eft pas de même des terres baffes. Dans l'espace que nous
,, avons parcouru, nous en avons vu beaucoup de la meilleure qualité ;
,, mais nous eftimons qu'avant de fe livrer à une grande entreprife en
,, ce genre, le defféchement doit être reconnu praticable par des opé-
,, rations géometriques multipliées et verifiées.

,, Alors nous croyons qu'il eft digne de la munificence du Roi de
,, faire creufer dans ces terres baffes de larges canaux d'une riviere à
,, l'autre, qui auront le double avantage de commencer le defféchement
,, et d'ouvrir des communications interieures.

,, Telle eft de la part de Sa Majefté la feule avance qui nous pa-
,, roiffe utile et propofable. Lorsque ces grands canaux feront exécutés,
,, les travaux fubfequents feront faciles et peu dispendieux. Ces terres
,, baffes acquiéreront dès lors une grande valeur, et fi les anciens colons
,, ne veulent ou ne peuvent f'y établir, on trouvera facilement en Eu-
,, rope, ou dans les autres colonies, des entrepreneurs en état de faire
,, les premieres mifes.

,, Quant au prêt d'argent propofé à la totalité ou à une partie des
,, habitans ; f'il eft queftion d'une fomme modique à chacun, la maffe
,, en feroit confiderable et les effets peu fenfibles ; mais f'il f'agit de
,, vous mettre tous en état de defricher fructueufement les terres baffes,
,, le tréfor royal y fuffiroit à peine.

,, Votre pofition comme debiteurs eft un nouvel obftacle à ces avan-
,, ces perfonnelles. Celui qui doit et emprunte, fait une mauvaife opé-
,, ration pour fon créancier et pour lui. Car fi vous empruntez aux
,, conditions ufitées dans le commerce, vos charges augmentent fûrement
,, et vos revenus reftent toujours incertains ; mais fi c'eft le Roi qui
,, vous prête fans interêts et avant d'etre rembourfé des anciennes avan-
,, ces, les fujets de toutes fes provinces, les négociants, les artifans
,, malheureux, les fermiers ruinés, les laboureurs indigens porteront aux
,, pieds du trône, ou des vœux indiscrets, ou des plaintes légitimes.

,, Nous vous avons annoncé n'avoir point à beaucoup prés un etat
,, jufte des dettes de la colonie, et il nous a deja été declaré pour
,, 718,000 liv de créance, outre plus forte fomme due au Roi : ainfi *Mes-*
,, fieurs, la premiere et la plus importante affaire que vous ayiez eft de
,, vous liquider : et nous transportons ici la reponfe à la treizieme pro-
,, pofition parce qu'elle y trouve naturellement fa place.

,, Auffitot que nous avons pu connoitre par approximation la maffe
,, de vos dettes, nous en avons gemi, et nous avons follicité fans atten-
,, dre vos remontrances, la fufpenfion des ordres du Roi ; mais comment
,, vous fouftraire aux pourfuites de vos créanciers ? croyés vous que ce
,, foit en ufant à leur prejudice de l'autorité que la loi et la volonté
,, du Roi nous donnent contre les débiteurs ? croyés vous que le fou-
,, verain lui même, fans attenter aux droits de la propriété puiffe ané-
,, antir, modifier le contract qui met l'un fous le joug de l'autre ?

non

,, non *Messieurs*, s'il en etoit ainsi, tous les pactes deviendroient illusoi-
,, res, toutes les fources du commerce tariroient, toute focieté poli-
,, tique feroit diffoute : un ordre de rigueur qui eft même fans activité
,, bouleverfe dites vous la colonie! ce que vous appelleriez un acte de
,, clémence, bouleverferoit les Empires.

,, Cependant nous fommes convenus que le plus grand nombre des de-
,, biteurs de cette colonie étoit hors d'etat de fe liberer aux termes
,, échus ou à echeoir et nous foutenons que la févérité des loix contre
,, les debiteurs eft une des bafes de la prosperité publique. Notre ob-
,, jet ne feroit il donc, en pleignant les victimes de la neceffité que
,, de les dévouër plus furement au fort malheureux qui les attend? ah!
,, *Messieurs*! fi vous avez pu le fuppofer vous en rougiriez aujourd'hui!
,, Aprés vous avoir parlé en juges feveres, nous avons agi en citoyens
,, fenfibles. D'un coté nous avons reprefenté à Sa Majefté la neceffité
,, de vous accorder des termes éloignés pour vous acquitter envers elle
,, et tandis qu'une partie du fervice de cette année m'eft affignée fur
,, les recouvrements qu'on m'ordonne de faire, je n'ai pas craint de me
,, rendre repréhenfible en n'en exigeant que la moindre partie. Et à
,, Dieu ne plaife que je porte jamais au nom du Roi la mifére et le
,, défespoir dans le fein d'une famille malheureufe! que ne fommes nous
,, les maitres d'y verfer L'abondance! . . . .

,, Quant à vos créanciers particuliers, voici comment, *Messieurs*, nous
,, prétendions vous fervir, fi votre confiance avoit été auffi entière que
,, nous avions droit de l'attendre.

,, Nous nous propofions d'ecrire dans les places de commerce aux
,, armateurs vos créanciers, de leur préfenter le tableau des revenus de
,, la Colonie et celui de fes dettes, d'ou refulte l'impoffibilité d'une
,, liquidation avant quatre ou cinq années. Nous aurions demandé et
,, engagé le Miniftre à folliciter lui même ce delai néceffaire, en ren-
,, dant le Gouvernement garant des engagements que vous auriez pris.
,, C'eft ainfi, *Messieurs*, que nous pouvons accorder le respect au aux
,, loix et aux contracts civils, avec la pofition malheureufe des débiteurs;
,, mais ceux que la mauvaife foi, l'inconduite et l'infidelité caracteri-
,, fent, nous trouveroient inacceffibles a la pitié.

,, Perfuadez vous donc, *Messieurs*, qu'il n'y a ni crédit ni commerce,
,, ni richeffe, ni liberté, la ou les engagements font illufoires ou le de-
,, biteur peut dire à fon créancier ,, JE NE TE PAIE POINT, ET JE
,, SUIS CEPENDANT TRANQUILLE DANS MA MAISON ,, Voyez les
,, etats les plus commercants et les plus libres, *la Hollande* et *l'Angleterre :*
,, les loix, les tribunaux y veillent fans doute avec efficacité aux droits
,, des citoyens, et les créanciers ne craignent pas d'y etre bravés par
,, leurs débiteurs.

,, Ainfi *Messieurs*, quand nous avons parlé de la force irrefiftible des
,, jugements, et du caractere inviolable que doivent avoir les engage-

,, ments,

 la-loi

„ ments, nous n'avons rien dit de neuf pour tous les peuples policés.
„ Nos expreſſions equivalent à celle-ci „ *Que la-Roi- prononce, que la force*
„ *publique éxécute,* „ et la déclaration de 1775 ne dit rien autre choſe.
„ Si elle attribue particulierement au Gouverneur le pouvoir de faire
„ empriſonner les débiteurs condamnés par corps, c'eſt parce que les
„ condamnations ont trop ſouvent été ſans éxécution de la part des tri-
„ bunaux, parce qu'il appartient aux adminiſtrateurs d'inſpecter, de pro-
„ voquer même la vigilance des tribunaux.

„ Je repondrai ici particulierement à une obſervation qui m'eſt per-
„ ſonnelle et qui m'offence d'autant moins qu'elle eſt fondée. J'ai été
„ obligé, peu de tems aprés mon arrivée, de rendre une ordonnance
„ contre les débiteurs du Roi. Je ne connoiſſois point aſſez l'etat de
„ la colonie : j'aſſignai donc un terme trop court, et j'ai mal réparé
„ ce premier tort en laiſſant cette ordonnance ſans exécution, quoiqu'il
„ n'y eut pas d'autre parti à prendre lorsque j'ai été plus inſtruit.
„ Mais c'eſt toujours une inconſequence dangereuſe dans un adminiſtra-
„ teur, que de donner un ordre qui ne peut être executé. J'espere
„ que cela m'arrivera rarement.

„ J'ai le courage *Meſſieurs* d'avouër mes fautes parceque je me ſens
„ celui de bien faire.

„ Je dirai donc avec la même franchiſe que je ne me reproche pas
„ également d'avoir rangé dans la claſſe des pauvres, les debiteurs tout à
„ fait inſolvables. Il faut que l'amour propre choiſiſſe entre le b'âme
„ où la pitié, et flechiſſe ſous la loi imperieuſe de l'honneur, qui ne
„ laiſſe que cette alternative au debiteur inſolvable.

„ La Culture du Rocou, le rapprochement de vos établiſſements, une
„ population projettée de blancs paſteurs et ouvriers, la civiliſation des
„ Indiens, les aſſociations pour les differentes entrepriſes, tout ces objets
„ nous ont paru fort nettement discutés dans pluſieurs memoires, et
„ nous adoptons à peu prés vos opinions. Nous nous eſtimons heureux
„ de voir enfin anéantir par des ſolutions ſages et lumineuſes ces pro-
„ jets dangereux, qui ont été ſi ſouvent et ſous des formes differentes
„ preſentés aux miniſtres et qui ne pouvoient que les égarer ſi la ſageſſe
„ de celui qui nous régit ne l'eut préſervé de la ſeduction.

„ Qu'il ſoit donc à jamais conſtaté qu'un projet d'etablir, et de mul-
„ tiplier des laboureurs blancs dans la *Zône Torride*, eſt un attentat con-
„ tre l'humanité ; que toutes les cultures ſont Libres, hors celles que
„ la métropole a le droit de vous interdire ; que toute aſſociation doit
„ etre volontaire. Mais quant aux diviſions par claſſes d'habitants, nous
„ ſommes fachés de vous voir penſer que nous cherchons plutot à reſtrain-
„ dre vos privileges qu'à les étendre. Et qui pouvoit vous faire croire
„ que cette diviſion a un objet inquiëtant? Quoi! il eſt queſtion d'en-
„ trepriſes, on examine, on vous conſulte ; on veut ſavoir ſi en vous
„ uniſſant vous en ſerez plus forts, ſi les hypothécaires n'auront pas

„ plus

,, plus de confiance en plufieurs qu'en un feul?.....ah *Meffieurs!* ne nous
,, découragez pas par ces inquietudes repetées ! celles repanduës fi in-
,, juftement et exprimées fi indiscretrement fur l'etabliffement d'une Com-
,, pagnie qui peut vous devenir utile, nous ont fort affligés par les mal-
,, heureux effets qui fuivent ordinairement ces bruits extravagants. Ne
,, croyés pas que les discours honnêtes que vous avez bien voulu nous
,, adreffer, fo'ent pour nous un dédommagement du mal que vous pour-
,, riez vous faire à vous mêmes.

,, Vous trouvés l'interét de huit pour cent trop cher pour les avan-
,, ces de négres propofés par cette compagn'e, vous avez raifon. Vous
,, n'etes point en etat de les fupporter ; mais le prix comptant du né-
,, gre eft au deffous de celui qui a cours dans toutes les colonies. Vous
,, avez eu des renfeignements peu exacts et fort anciens fur la traite
,, des négres. Nous fommes mieux inftruits: elle eft deventie, pour nous,
,, difficile et dispendieufe. Les captifs coutent depuis quatre ans fur la
,, cote d'angole à tous les traitteurs françois de cinq à fept cens livres.
,, Calculez maintenant les frais et les risques du transport. Dès 1770 et
,, 1771, j'ai vu à St. Domingue les negres à 12 et 13 cens livres
,, comptant, et cependant les plus fortes maifons de commerce de Nantes
,, et de Bordeaux diminuent leurs armements pour la côte d'affrique.

,, Mais n'importe: vos repréfentations fur ces objets nous interefferont
,, toujours, nous défirerions feulement que vous euffiez fait quelqu'at-
,, tention à la prime accordée par le Roi, pour l'introduction des né-
,, gres dans votre colonie. Cette faveur n'a été faite à aucune au-
,, tre ! (*)

,, Vous nous avez trés bien demontré la raifon de la diftance et
,, disperfion de vos etabliffemens ; mais nous n'en fommes pas moins
,, perfuadés que c'eft un vice inherent à votre conftitution, qui doit
,, être finon detruit, au moins modifié.

,, Le projet d'une Chambre économique et la formule de fon inftitu-
,, tion m'appartiennent, ainfi il n'y a nul inconvenient dans la cenfure
,, que vous en avez faite. Nous penfons comme vous que ce qui etoit
,, propre à une grande colonie n'eft point applicable à celle ci. Vous
,, detaillez fort bien plufieurs vices de cette inftitution ; mais vous
,, croyez que le juge de cayenne, dont la jurisdiction a cent lieues
,, d'étenduë, et le confeil fuperieur qui s'affemble tous les deux mois
,, pendant huit jours, peuvent veiller à tous les abus de police, à l'in-
,, discipline des esclaves, à la violence des maîtres, à la négligence des
,, proprietures, nous ne fommes pas de cet avis, et nous y pourvoirons
,, felon nos lumieres et nos pouvoirs.

,, L'ex-

(*) Dans la féance fuivante *M: M: les Deputés*, ont témoigné leur reconnoiffance de cette faveur ignorée jus-qu'alors de la plus part d'entre eux.

,, L'exportation des bois, des vivres et des animaux de cette colonie
,, dans les autres, eſt l'aspeᶜt ſous lequel la Guiane intereſſe le plus la
,, métropole. Vous ne pàroiſſez pas y prendre, *Meſſieurs*, le même in-
,, terêt. Vous y trouvez de grandes difficultés. Il peut y en avoir ſur
,, l'article des bois et nous n'avons point encore d'avis determiné;
,, mais nous ne négligions rien pour nous eclairer.

,, Quant aux vivres et aux animaux, nous ſommes fermement perſua-
,, dés que le déſir unanime que vous nous montrez de vous livrer aux
,, grandes manufaᶜtures vous égare. Dans les terres aᶜtuellement culti-
,, vées, nous en connoiſſons fort peu qui ſoient ſusceptibles de grands
,, ſuccés en cette partie, et quoique vous ayiez tous le même objet en
,, vuë (c'eſt à dire les grandes cultures) vous etes presque tous conve-
,, nús que vos terres hautes ne produiſoient qu'un où deux rejettons de
,, Cannes, fort peu de Café ; que les Cotons et les Rocous périſſoient
,, ordinairement à cinq ou ſept ans. Quant à l'Indigo, les experiences
,, anciennes qui en avoient dégouté vos peres, ſe trouvent détruites par
,, les ſuccés que vous nous en annoncez et dont nous attendons la
,, confirmation.

,, Mais, *Meſſieurs*, que ſignifient pour les grandes cultures des terres
,, epuiſées au bout de trois, cinq ou ſept ans? le même ſol qui pro-
,, duit du ſucre à *St. Domingue* en produit depuis 80 ans, et la mi-
,, jeure partie de ces terres n'ont eu ni engrais ni repos, cependant
,, nous n'eſtimons pas a plus de ſept pour cent le produit moyen des
,, terres de St. Domingue: quel eſt donc le produit des votres? (*a*)
,, Il n'y a pas vingt ans qu'on a commencé à fumer dans les quar-
,, tiers inferieurs de St. Domingue: les terres de la premiere qualité ſe
,, ſuffiſent à elles mêmes. Quant aux vôtres *Meſſieurs* (nous entendons
,, parler des terres hautes) nous ne doutons pas que les engrais ne pus-
,, ſent les ſoutenir ; mais en avés vous calculé la depenſe quand cette
,, operation eſt fruᶜtueuſemeut executée? ou ſont les animaux, les parcs,
,, les fourrages, les foſſes a fumier et les voitures neceſſaires, ſans comp-
,, ter le ſupplément de main-d'œuvre indispenſable? "

,, Nous croyons donc que les ménageries, les vivres et les terres baſ-
,, ſes, peut-être les bois, ſont les reſſources de la Guiane indiquées par
,, la nature et par l'interêt politique de l'Etat. Vous demandez pour
,, vos grains, vos animaux les certitudes du débouché, et vous voyez
,, toutes nos poſſeſſions ſous le joug de l'etranger pour les beſoins de
,, premiere néceſſité! Quoi! vous faites des vivres, vous avés des ani-
,, maux, à peine pour votre Conſommation, nulle induſtrie n'a encore
,, ſimplifié l'extraᶜtion de vos bois, et vous etes étonnés de ne pas voir
,, ici des achetteurs, un cabotage etabli!   ,, Com-

(*a*) Par produit moyen on entend celui des terres Bonnes, mediocres.
et ſteriles, deduᶜtion faite de toutes les charges et pertes accidentelles.

„ Commencez par ouvrir un marché , par le garnir de votre fuperflu
„ devenu neceffaire à vos compatriotes et vous verrez arriver les con-
„ fommateurs.

„ Vous demandez des debouchés et la préference d'une fourniture
„ de fix à huit millions vous eft offerte! vous demandez des debou-
„ chés , et nous vous avons affurés au nom du Roi d'achetter tout ce
„ qui feroit invendu dans vos magafins.

„ Mais dites vous, vous n'avez ni machines, ni artiftes ni ouvriers.
„ Cela eft jufte, commences donc par ufer de vos moyens propres, et ils
„ s'accroitront fucceffivement , indépendament des fecours effi aces que le
„ Gouvernement vous prépare, fi vous adoptez fes vuës. *Meffieurs*! nous
„ vous l'avons dit, et nous vous le repettons avec emotion: cet in-
„ ftant-ci perdu ne reviendra plus pour vous! Si vos oreilles fe ferment,
„ elles s'ouvriront un jour aux paroles fages que nous vous adreffons!

„ Il nous refte à nous expliquer fur quelques propofitions étrangéres
„ aux objets de déliberation.

„ Nous avons prévenu vos demandes fur la reduction des fetes, et
„ nos repréfentations ont été accueillies par Sa Majefté.

„ Les abus dénoncés fur l'emploi des négres de journées nous ont
„ frappé et nous nous réünirons volontiers à L'affemblée pour y remédier.

„ Nous confentons à nommer des procureurs fi vous nous en defignez
„ de Capables. Nous vous en laiffons le choix, *Meffieurs*, vous n'aurez
„ point à vous plaindre.

„ Nous ne nous préterons point à favorifer ici l'etabliffement d'une
„ miffion de Religieux. Nous préferons par de bonnes raifons les Ec-
„ cléfiaftiques féculiers.

„ Nous regardons comme exagerées les plaintes fur le luxe de Cayen-
„ ne, nous n'avons rien vu de relatif à celui imputé aux gens de cou-
„ leur. D'ailleurs l'objet de l'etabliffement des colonies eft de cultiver
„ des denrées de luxe dont L'echange avec la metropole ne peut fe
„ borner au neceffaire, et nous fouhaitons fort, *Meffieurs*, l'augmentation
„ de votre fuperflu.

„ Le hauffement des monnoies eft une opération défaftreufe dans le
„ moment ou elle s'exécute, et inutile après la revolution, par ce que
„ le prix effectif des denrées baiffe ou s'eleve en proportion de la va-
„ leur intrinféque de la monnoye: ainfi en donnant à fix francs la valeur
„ de neuf, vous faites tort au créancier et vous n'enrichiffez que le
„ débiteur pourvu d'especes. Tous les autres font reduits au même ter-
„ me, ils payent neuf francs ce qui en valoit fix la veille. Ces prin-
„ cipes méconnus aux Ifles du vent et fous le vent, ont failli en ope-
„ rer la ruine.

„ La même réponfe eft commune aux plaintes fur la valeur fictive du
„ Rocou, fagement réduite à un cours libre et variable.

„ Nous nous préterons volontiers à toute espece de recherches fur

G

„ l'etat

„ l'etat et l'emploi des biens fondés pour l'hopital et le Collego.
„ Nous adoptons les vuës excellentes proposées pour la police et la
„ multiplication des ménageries et hiras, ainſi que pour les ſecours necéſ-
„ faires aux blancs laborieux qui s'y ſont livrés avec ſuccés ou à toute
„ autre entrepriſe utile.
„ Nous convenons que dans les encouragements propoſés les petits ha-
„ bitants ont été oubliés, nous rappellerons aux bontés du Roi ceux qui
„ en ſeront ſusceptibles.
„ La faveur ſollicitée pour les habitants de la côte qui augmentent
„ leur culture en Cacao, nous paroit auſſi juſte. Nous tâcherons de leur
„ procurer cette ſatisfaction.
„ Nous ſommes d'avis de l'etabliſſements des Syndics propoſés pour
„ veiller à la fabrique et perfection du Rocou et autres marchandiſes
„ fabriquées dans la colonie.
„ Tel eſt *Meſſieurs*, le precis du travail que nous projettions de faire
„ d'aprs votre arrêté. Examinez maintenant s'il s'y trouve quelques-
„ vuës contraires à vos interêts. Nous ne deſirons pour toute recom-
„ penſe de nos ſoins que de les voir prosperer.
„ Nous n'avons pu travailler qu'hier et pendant quelques heures
„ d'aprés la lecture de vos mémoires; Nous nou propoſons d'en faire
„ un nouvel examen et de ne négliger aucun des objets utiles qu'ils
„ peuvent contenir et qui nous ont échappé."

De ſuite il a été procedé à la pluralité des voix à
la nomination des commiſſaires, pour l'examen et rap-
port à l'aſſemblée des differents mémoires.

Les Commiſſaires nommés ont été: *Mrs Grouſſou
et Boutin Conſeillers, Metteraut et Robert Députés.*

SUIT LE RAPPORT.

MESSIEURS!

Vous ne devez pas vous attendre à trouver dans une ſimple analiſe
le développement et l'etenlie de vos idées, auſſi ne nous ſommes nous
attachés qu'à rendre avec préciſion le ſens des avis eſſentiels et relatifs
aux objets ſoumis à votre examen. Vous verrez que nous les avons
recueillis, tantôt en les réuniſſant, lorsqu'il y regne de la conformité,
quel-

quelquefois en les divifant quand il s'y rencontre quelque différence. Nous les expoferons fuivant l'ordre des articles donnés en déliberation.

Premiere Propofition.

De favoir fi les terres hautes font générallement mauvaifes &c.

Mais les Députés concourent presqu'unanimement à reconnoitre, que les terres hautes ne font point générallement mauvaifes ; que tous les quartiers en comportent de bonnes, de mediocres et de fteriles. Ils remarquent qu'il regne une fi grande variété dans le fol, que fouvent on rencontre dans la même conceffion ces trois efpéces de terre, ils conftatent que la majeure partie eft propre à toute autre culture qu'à celle des vivres, tel qu'aux cannes à fucre, à l'indigo, au cotton, au caffé par veines, et fpécialement au Rocou comme plante naturelle au climat; qu'il fe trouve des cantons (*a*) qui font pofitivement permanent, et qu'on doit regarder toutes les terres de la premiere claffe comme fusceptibles de comporter des cultures fuivies. Il en eft d'autres qui quoi qu' inferieures à celles des antilles méritent néanmoins les foins et l'attention du cultivateur.

Meffieurs les adminiftrateurs objectent qu'il n'y a que les proprietaires opulents qui foient en etat de fournir aux frais des engrais dans les terres de mediocre qualité, mais nous doutons encore que ce procedé puiffe dedommager de l'enormité de ces depenfes attendu les inconveniens de la temperature.

Deuxieme Propofition.

Si les terres baffes font générallement bonnes &c.

C'eft l'avis unanime que les terres baffes font générallement bonnes, mais ne font pas également fusceptibles de deffechement qu'il feroit effentiel de s'en affurer par des opérations géometriques, que les dépenfes pour parvenir à leur exploitations ne peuvent être determinées par un calcul fixe, parceque leurs differentes especes et leurs pofitions préfenteront plus ou moins de difficultés. Il en eft quelques uns qui offrent des projets et follicitent des fonds, mais le plus grand nombre reconnoit, que la colonie, loin d'avoir un revenu libre, eft au contraire arrièrée de plufieurs années.

Il paroit donc indiscret de demander des avances. Meffieurs les adminiftrateurs annoncent de la part de Sa Majefté le projet de faire creufer

dans

(*a*) La côte de Remire et quelqu' autres parties.

dans ces terres de larges canaux de communication d'une Riviere à l'autre pour en faciliter le desséchement, c'est la seule avance que leur paroisse utile et proposable.

En effet l'execution de ce projet sera digne de la munificence du Roi elle pourra être la source de notre prosperité.

Troisieme Proposition.

L'exportation des bois, des vivres et des animaux &c.

Messieurs les députés répondent sans aucune contradiction, que l'exploitation des bois de construction seroit une entreprise peu fructueuse, attendu leur dispersion, leur eloignement et conséquemment la difficulté et les risques du charroi. Ils estiment que les cultures, quelques modiques quelles puissent être, méritent la préference.

Quand aux vivres, ils font assez d'accord à réconnoître l'avantage de se livrer à leur culture, dés que le débouché en sera certain, et le prix convenable.

Mais on assure que la préférence d'une fourniture de six à huit millions en vivres et animaux est offerte à la colonie.

Il paroitroit donc interessant à plusieurs de tourner leurs vués vers cette branche d'industrie puisque le Gouvernement leur prépare des secours et des facilités.

Quant à l'etablissement des ménageries, tous concourent à en reconnoitre l'utilité et la nécessité dans les contrées pourvués de savannes naturelles. La partie du nord à été proposée pour cet objet vu les succés rapides des entreprises commencées depuis quelques années quelques uns ont fait sentir qu'il conviendroit de s'occuper de l'etablissement de haras dans cette partie pour la multiplication des bêtes de trait et de somme.

Si ce projet est praticable, il sera d'autant plus interressant qu'il réünira le double avantage de pourvoir aux besoins de la colonie et à ceux de nos isles. Nous pensons avec eux que les associations pour ces differents objets doivent être libres et volontaires.

Cinquieme Proposition.

Ne seroit il pas utile et confûrme au bien général de rapprocher les Etablissements.

Tous démontrent que le local a forcé les habitans à cette dispersion qu'on leur réproche dans leurs etablissements; qui si, d'un coté, leur rapprochement auprès des Chefs-lieux etoit plus conforme au bien général, de l'autre, il pourroit nuire à l'interêt particulier.

On ne peut donc attribuer à notre constitution un vice qui dérive

de

de la nature et de la situation de nos terres, car cette dispersion n'a pas lieu dans les cantons où le sol est moins varié et plus constament fertile.

Sixieme Proposition.

Le desséchement des terres basses n'exige-t-il pas le même Regime &c.

Ils reconnoissent que le desséchement des terres basses doit être executé de proche en proche dans les plages, où leur contiguité le permettra; et pour en rendre l'éxécution facile nous pensons que le Gouvernement ne sauroit y prendre un trop vif interêt.

Sept^{me}. & huit^{me}. Proposition.

Quelle peut être la distribution la mieux ordonnée des cultures et des Etablissements &c. Et si elle ne doit pas être maintenüe irrévocablement &c.

Ils admettent qu'il n'y a point de destination indiquée particulierement par la nature pour la culture et l'etablissement de chaque quartier; parce qu'il est constaté, que les diverses especes de plantes réussissent souvent dans les differents cantons de la colonie: qu'il y en a même quelques uns qui produiroient toutes les denrées connües en amérique, d'ou résulte pour repondre à la *huitieme proposition* qu'on ne peut rien fixer sur cet objet sans etouffer les germes de l'emulation et sans mettre des entraves aux progres de l'industrie.

Neuvieme Proposition.

Si l'on peut s'occuper d'une population de Blancs &c.

Le plus grand nombre est d'avis qu'une population de Blancs est impraticable sous la Zone torride, sur tout en bornant leur ambition, en les astreignant à l'etat de Pasteurs et d'ouvriers et en leur otant l'espoir de ne jamais se procurer l'avantage que retire de ces travaux le cultivateur.

Le Projet d'en former une Chaine contre les négres marons leur présente à tous des difficultés insurmontables: parceque leur etablissement ne peut avoir lieu sans aucun mélange d'esclaves, et ce mélange est un obstacle à ce projet. Pour y apporter un remede plus éfficace quelques députés ont cru qu'il etoit nécessaire de demander à Sa Majesté l'augmentation des troupes de la garnison.

H

C'est

C'eſt au Gouvernement à juger des avantages où des inconveniens de cette demande.

Dixieme Propoſition.

Si l'on peut fixer parmi nous pluſieurs peuplades d'indiens &c.

Ils ſont unaninement d'avis, que le genie, le caraſtere et les mœurs des indiens, oppoſent au projet de les fixer dans une poſition determinée, des difficultés qu'à peine pourroient ſurmonter le zéle, le courage d'esprit et de cœur des miſſionaires prudents et eclairés; cependant ils penſent qu'il ſeroit poſſible d'entretenir avec eux des liaiſons utiles, en leur procurant les objets qui ſatisferont et leurs caprices, et leurs beſoins. Un des moyens qui paroit encore propre à les attirer ſeroit de favoriſer leur alliance avec les blancs.

Onzieme Propoſition.

Ne Convient-il pas de faire une diviſion par claſſes d' habitants &c.

Meſſieurs les Deputés Selon le ſens dans lequel ils ont entendu cette propoſition, ont repondu que cette diviſion ſe trouvoit déja toute faite et aiſée à connoitre par la voie des recenſements, et que ſi elle avoit pour motif des diſtinſtions elle pourroit rompre ſans fruit les liens de la ſocieté.

Meſſieurs les adminiſtrateurs ont éclairci la queſtion dans leur discours. Ils nous ont expoſé qu'en nous uniſſant nous en deviendrions plus forts et que les hypothécaires auroient plus de confiance en pluſieurs qu'en un ſeul. Rien de plus certain: mais peut on attendre même du vrai citoyen, quelque ſacrifice qu'il doive au bien général, qu'il expoſe ſon repos, ſa fortune et peut être ſon honneur, au caprice, à l'ignorance et à l'inconduite de gens inconnus que ſouvent le ſeul hazard lui auroit aſſociés?

Douzieme Propoſition.

L' Inſtitution d'une Chambre Economique &c.

Tous démontrent que l'inſtitution d'une chambre économique ne ſauroit avoir lieu telle qu'elle eſt propoſée. Ils allèguent que le petit nombre des propriétaires abſents n'exige pas l'etabliſſement d'une juriſdiction, dont l'une des fonſtions ſeroit de veiller à leurs interêts; qu'une inſpection correſtive ſur L'Economie domeſtique et ſur la police interieure des habitations pourroit avoir des conſéquences dangereuſes, en ce qu' elle compropromettroit l'autorité des maitres, qu'elle provoqueroit l'infolence des esclaves et qu'elle expoferoit le citoyen, peut être le plus honnête, à être, même fans formes legales, livré à l'affront et à l'opprobre pour quelques Ecarts de vivacité. Mais fi d'un côté ils y ont trouvés des chofes impraticables et fujettes à des inconveniencs, d'un autre côté, i's conviennent tous qu'il feroit effentiel d'encourager et d'exciter l'emulation parmi les colons. Pour parvenir à ce but, les uns ont propofés de former une chambre d'agriculture ou une efpéce d'academie. D'autres ont penfé que l'affemblée nationnale pourroit remplir cet objet avec diftinction. D'autres enfin s'en tiennent à demander l'election de deux findics dont les charges feroient publiques et triennales pour l'examen des denrées d'exportation.

Meffieurs les adminiftrateurs, répondent que la jurifdiction Royale a trop d'etendue et que le confeil fuperieur s'affemble trop rarement, pour que les Magiftrats puiffent porter leur attention fur tous les abus de police.

Mais nous croyons devoir leur reprefenter, que les Officiers de milices etant prepofés par le Gouvernement au maintien du bon ordre comme à la fureté générale. Ils font affez répandu dans la colonie pour veiller à la difcipline des Esclaves et obligés par etat d'informer le miniftére Public des Excés qui pourroient fe commettre.

Treizieme Propofition.

Vu la Neceffité d'Etablir dans la Colonie une circulation de fonds et d'avances &c.

Ils reconnoiffent pour un principe qui ne peut être mis en queftion, que l'execution févere des loix eft la bafe du credit et de la Liberté civile. Mais ils ont cru devoir repréfenter au Gouvernement, que les engagements anterieurs à la promulgation des ordonnances de 1745 et de 1775 ne devoient pas être, par un effet rétroactif, foumis à leur rigueur. Ils ont penfé, que les peines prononcées par ces ordonnances feroient les plus furs garants de l'execution des engagements et qu'il n'eft pas poffible de leur donner un caractère plus inviolable; ils ajoutent, que s'il eft indifpenfable d'etablir une plus grande circulation de fonds par des avances à la colonie, la confiance des capitaliftes eft fuffifament affermie et excitée par la protection des loix. Que c'eft à eux à repandre leur fonds avec mefure et prudence, qu'ils feront les maitres de prendre des furetés convenables, pourvu que les contracts ne contiennent rien de contraires aux loix et aux bonnes mœurs; et enfin qu'un interet de 8 pour cent ne doit pas etre toleré, non feulement parce qu'il eft ufuraire, mais auffi, parce qu'au lieu de répandre l'aifanfe dans la colonie, il ne feroit que gêner et ralentir fon effor.

Tel eft Meffieurs le pécis de vos reflexions; elles nous prefentoient la
ma-

matiere d'un ouvrage plus etendu, si la crainte de vous retenir, et de vous détourner trop longtems de vos affaires ne nous eut empeché de l'entreprendre. Nous al'ons maintenant passer à quelques demandes particulieres de Mrs les deputés.

Ceux de *Cayenne* ont repréfenté l'utilité d'un moulin Bannal pour moudre les grains.

Tout ce qui eft relatif à l'Economie publique eft intereffant et doit être facilité.

Ils demandent auffi qu'on tienne la main à l'execution des reglements faits pour préferver les etabliffements des ravages du bétail et des incendies qui arrivent annuellement dans les favannes.

Mrs de Remire follicitent des encouragements pour l'extention de la culture du Cacao.

Ils en ont deduits les avantages d'une maniere frapante et nous penfons que leur demande mérite d'autant plus l'attention du Gouvernement, qu'en effet cette riche culture eft trop negligée.

Mrs de Roura demandent la nomination des procureurs.

L'avis de l'affemblée eft provoqué fur cet objet et nous penfons qu'il doit être ferieufement examiné.

Les mêmes repréfentent qu'il peut refulter de grands inconvenients d'Inhumer dans les Eglifes.

Comme le Gouvernement a deja Statué à cet egard nous penfons qu'il n'appartient qu'à lui feul d'abroger, de Modifier, ou de Conferver en fon entier le reglement qui autorife ces inhumations.

Le tort que Caufe à la culture la multiplicité des fêtes a porté quelques uns à en demander la réduction.

Meffieurs les Adminiftrateurs répondent, que les répréfentations faites à ce fujet ont deja été acceuillies par Sa Majefté.

A la reflexion de ces Meffieurs fur la demande concernant l'augmentation du prix du Rocou, il ne peut y avoir de replique raifonnable; parce qu'ils difent que les denrées doivent joindre, à une valeur réelle et non fiftive, un Cours libre et variable.

Meffieurs de Kourou indiquent comme nu moyen facile d'exploiter les Bois, la Conftruction d'un moulin à Planches dans cette riviere.

Ils indiquent auffi, que le moyen d'avoir des hommes propres à la pourfuite des negres marons, c'eft de favorifer le don de la liberté aux mulâtres, en obligeant néanmoins les maitres à leur faire apprendre un metier, et à leur affurer quelques fecours pour leur Subfiftance.

Ces propofitions nous paroiffent renfermer des vûës utiles.

Meffieurs de Sinnamari Sollicitent des Nègres pour les habitants pafteurs de leur quartier, afin de rendre leurs travaux plus fupportables et plus fructueux. Ils demandent auffi que le magafin du Roi dans ce pofte foit pourvu de chofes de premiere néceffité, pour fouftraire les habitants aux vexations des Caboteurs.

Ce

Ces objets nous paroiffent meriter l'attention et la Vigilance de l'adminiftration.

La promeffe que Meffieurs les chefs ont faitte de rappeller aux bontés du Roi les petits habitants oubliés dans l'annonce des graces de Sa Majefté ne nous laiffe rien a defirer fur cet article.

D'aprés l'examen que nous avons fait d'un *Kcglement fur les Confeffions et les bois rendu par ordre exprés du Roi*, et que M. M. les Adminiftrateurs ont bien voulu nous communiquer, nous penfons qu'il n'y a aucun inconvenient dans fon éxécution au moyen des modifications qui y ont été faites. Cependant nous avons remarqué fur le 10 Article, que les difficultés plus ou moins multipliées qui fe rencontreront dans la plantation des differentes efpéces de bois qui y font defignés, ne devroient pas laiffer entrevoir aux cultivateurs une condamnation affligeante; parce qu'en tout nous croyons qu'il vaut mieux aiguilloner l'honneur et intereffer l'amour propre, que de chercher à les humilier par une amende, qui d'ailleurs une fois payée apporteroit un Obftacle aux vués utiles qu'on fe propofe : qu'au furplus la recompenfe ne nous paroit pas proportionnée aux peines et aux foins, qu'entrainera cette plantation. Car la reüffite d'un millier de plants, ne fera peut étre que le produit reftant de plus de dix milliers et par confequent d'un travail Confiderable.

Il nous a été communiqué un projet pour le defféchement des terres baffes. Comme fon exécution nous a paru avantageufe et trés praticable : nous le remettons fur le Bureau.

Signé Grouffou, Boutin, Metteraut et Robert.

Lecture faite *du Réfumé ci deffus*, oui L'avis de *M. le Procureur Général* tendant à l'adopter comme l'expreffion unanime des fentiments de *L'affemblée*, *M. le Commiffaire Général* a été aux opinions qui fe *font trouvées conformes* a l'avis de *M. le Procureur Général*; et la Redaction de l'arrêté déffinitif a été renvoyé à quatre heures de relevée, Portes clofes.

Chaque article du Refumé aïant alors été de nouveau examiné et discuté, et les opinions récueillies fur la Redaction de chaque article.

M. le Commiffaire Général a, de l'avis unanime de
L'as-

L'asſemblée, dicté l'arrêté ainſi qu'il ſuit.

ARRETÉ DEFFINITIF

DE

L'ASSEMBLÉE.

Sur *la premiere propoſition*, il a été arrêté: que les terres hautes ne ſont pas généralement mauvaiſes; que leur variété conſtatée dans tous les quartiers et dans un même quartier, en préſente par tout de bónnes, de mediocres et de Steriles; que ces trois especes ſe préſentent ſouvent dans le plus petit espace, et qu'en deſignant ſous la dénomination des terres hautes tout ce qui n'eſt pas compris ſous celles de marecages, on ne reconnoit unanimement comme bonnes, dans ce qui a été habité ou examiné jusqu'à préſent, que certains quartiers, tels que ceux de Remire, de la Gabrielle, pluſieurs montagnes d'Oyapock, d'Approuague, de Kaw, de Macouria et de Kourou; Sinnamari n'eſt pas encore connu; que néanmoins l'experience a montré jusqu'à préſent que les grandes cultures épuiſent à la longue ces terres hautes réputées bonnes, ſauf celles de la côte de Remire; que les travaux et engrais néceſſaires pour réparer ces terres épuiſées, ſont jusqu'à preſent à la portée d'un tres petit nombre d'habitants, que les grandes pluyes détruiront même en partie l'effet de ces engrais, enſorte que ces terres exigeant moins de preparations et de repos pour la culture des vivres en ſeront toujours et dans tous les cas, ſuscéptibles.

Sur la *deuxieme Propoſition*, Il a été arrêté: que les terres baſſes ſont generalement bonnes; que leurs parties conſtitutives, ou les arbres qu'elles produiſent, portent des ſignes caractériſtiques auxquels on ne peut ſe méprendre et qui les diſtinguent des terres noyées ſteriles; que le grand nombre de celles de la premiere claſſe qui ſe trouvent dans la Guiane peut n'etre pas également ſusceptibles de deſſéchement; qu'il eſt indispenſable que Sa Majeſté veuille bien aſſurer et accrediter les entrepriſes en ce genre en ordonnant les verifications les plus exactes et en en chargeant d'habiles ingenieurs; que dans le nombre des projets propoſés pour ſe livrer fructueuſement à cette culture, l'Etat decette colonie et de ſes habitants ne comporte que ceux aux quels Sa Majeſté voudra bien prendre la plus grande part par ſes bienfaits; qu'en s'abſtenant néanmoins de ſolliciter des avances indiscretes, l'aſſemblée conſidére comme utile a l'Etat, les travaux que Sa Majeſté feroit exécuter à ſes frais, ſoit en creuſant de larges canaux d'une riviere à l'autre, ſoit en etabliſſant un atelier public dont la repartition par brigade chez pluſieurs propriétaires

de

de terres baſſes, les mettroit en état d'entreprendre les premiers deſſé-
chements, ſauf à rembourſer ſur leurs revenus et à terme préfix le mon-
tant calculé de ces premieres avances; que pour l'exécution de ce plan, il
ſeroit néceſſaire d'obtenir en outre des Ingenieurs et Piqueurs entrete-
nus pour cet objet.

Sur *la troiſieme Propoſition*, Il a été arrêté: que la colonie, actuellement
depourvuë de Bras, de machines, de chemins, de canaux, ne ſauroit ſe
livrer à l'exploitation des bois, mais que les circonſtances changeants,
cette Branche de Commerce pourroit lui devenir propre, ainſi que la
culture et exportation des vivres et celle des animaux; que la certitude
des débouchés ſera le ſeul motif de confiance et d'Emulation des habitants; que l'impoſſibilité actuelle d'attirer pour la Conſommation de ces
divers objets un grand nombre d'achetteurs laiſſant toujours le petit
nombre de vendeurs ſous le joug des caboteurs qui traitent avec eux,
ſeroit un obſtacle à tout ſuccés, ſi le Gouvernement ne facilitoit par ſes
bienfaits l'exécution de ſes vuës; qu'il eſt donc néceſſaire que les habitans ſoient inviolablement aſſurés de trouver le débit de leur ſuperflus
en bois, vivres et animaux par l'intervention et les achats directs du
Gouvernement même, lors qu'il ne ſe preſentera pas d'achetteurs étrangers
et juſqu'a ce que la multiplicité et l'evidence des ſuccés les attirent
dans les ports de la Guiane. Quant à l'accroiſſement poſſible et neceſſaire des menageries, établies ſeulement juſqu'a preſent dans les plaines
de *Sinnamari* et *de Kourou*, L'aſſemblée déclare que les ſavannes de la
partie du ſud n'en ſeroient pas moins ſusceptibles; mais qu'en pourſui-
vant le plan qui a ſi bien réuſſi a Sinnamari et Kourou, il ſeroit néceſſaire d'employer les fonds aſſignés par Sa Majeſté pour l'introduction
des beſtiaux, en Etabliſſement de haras, les ſouches de bêtes à cornes
ſe trouvant en nombre ſuffiſant en cette partie; que l'on doit cependant renoncer à n'employer que des blancs ſans ſecours d'Esclaves au
ſoin des menageries; que le petit nombre de ceux qui ont reſiſté juſqu'a préſent à ces travaux accablants mérite d'être ſecourus, qu'ils doivent avoir l'espoir de s'elever par leur induſtrie à la claſſe d'habitants
et d'employer, en achat d'esclaves, les benefices qu'ils ſe s'ont pro-
curés. Qu'en augmentant donc dans la Guiane cette claſſe d'hommes,
on doit leur deſtiner proportionellement un nombre de négres qui les ai-
dent dans leurs travaux.

Sur la *quatrieme Propoſition*, Il a été arrêté: que tout privilége exclu-
ſif donne atteinte à la liberté et proprieté; qu'il eſt fort peu d'exepti-
on, et par des raiſons d'etat ſeulement, à ce principe inconteſtable;
que le meilleur moyen de borner utilement ou d'étendre ſans inconvenient la culture du Rocou, eſt d'en perfectionner la fabrique; d'en aſſurer la qualité en la ſoumettant à l'inſpection de deux ſindics nommés par
les notables, qui ſeront Chargés particulierement de veiller à l'execution du
reglement du 15 Aout. 1752, *M. M. Les Adminiſtrateurs* etant priés de le
fai-

faire exécuter rigoureufement ; que lorsqu' on aura pris des precautions irrévocables pour accrediter la fabrique du Rocou, foit en la perfectionnant, foit en puniffant les fraudes, les marchands et Confommateurs d'Europe y auront confiance. Arrêté en outre que *M. M. Les Adminiftrateurs* feroient priés de donner force de Reglement à la préfente déliberation.

Sur *la Cinquieme et Sixieme Propofition*, Il a été arrêté : que la diftance et disperfions des établiffements actuels eft un vice local difficile a reparer ; qu'il .refulte de la varieté du fol et des effais infructueux fouvent repettés en differens quartiers, que le rapprochement propofé ne peut avoir lieu, que dans l'exploitation des terres baffes.

Sur *la Septieme et huitieme Propofition*, Il a été arrêté: qu'il feroit utile et defirable qu'il y eut une deftination certainement indiquée par la nature pour les differentes cultures; mais que les erreurs en cette partie ont été trés frequentes; qu'il eft plus fage et plus vrai de dire, que chaque espece de terre ne fauroit être propre à toute espece de culture, que de défigner affirmativement celle qui convient à chaque espece ; qu'en général les terres profondes des mornes et quartiers ci deffus defignés, conviennent au *Cacao* et au *Café* ; que les terres fabloneufes des anfes de *Kourou* et de *Sinnamari*, peuvent Soutenir la culture *du Coton*, de *l'Indigo* et des effais en *Sucre* non fuffifamment conftatés ; que les terres *d'Oyac* et de la *Comté* paroiffent plus propres au *Rocou*, et celles des plaines avoifinant *la Gabrielle* au *Sucre*; mais L'affemblée obferve en même tems que ces deftinations qui femblént naturelles, font auffi fouvent contrariées par le defaut de moyens que par celui de connoiffances; qu'on ne fauroit donc trop éclairer les anciens et les nouveaux cultivateurs, fans les contraindre, convenant néanmoins qu'il eft neceffaire d'aftreindre à l'obfervation des claufes de leurs conceffions ceux qui en obtiendroient à l'avenir à la Charge de ne cultiver que des vivres ou des paturages pour les beftiaux.

Sur *la neuvieme Propofition*, Il a été arrêté : qu'une population de Blancs pafteurs et laboureurs fans esclaves eft impraticable fous la *Zone Torride* ; mais l'affemblée eftime tres utile de multiplier la claffe des ouvriers et petits habitants qui en commencant par le travail des mains, parviennent enfuite à fe rendre proprietaires d'esclaves et forment un ordre d'hommes d'autant plus precieux, qu'ils peuvent fupporter la fatigue et fervir à la deffenfe de la Colonie.

Sur *la Dixieme Propofition*, Il a été arrêté: que le Genie, les mœurs et le caractére des Indiens opofe au projet de les fixer dans une pofition determinée, les plus grandes difficultés, mais que par des confiderations politiques, il feroit bien de n'y pas renoncer, en effayant fur cela le zéle des miffionnaires les plus intelligents, en favorifant leurs alliances avec les blancs, en les traitant fur tous les points comme des hommes parfaitement libres, et en mettant ce traitement en oppofition avec celui qu'ils eprouvent de la part de nos voifins.

Sur

Sur *L'onzieme Propofition*, Il a été arrêté: que la diviſion des habitants par claſſes paroit inutile, le plan d'aprés le quel on l'a propoſé ne pouvant convenir à des hommes qui different entre eux d'interets et de vuës, et qui ne voudroient s'engager à aucune aſſociation ſolidaire.

Sur *la Douzieme Propofition*, Il a été arrêté: que l'etat de la Colonie ne comporte point l'inſtitution d'une Chambre économique; que l'aſſemblée nationale utile à bien d'autres égards rempliroit beaucoup mieux cet objet; qu'en conſéquence M. M. les adminiſtrateurs ſeront priés de demander inſtamment à Sa Majeſté la continuation de cette faveur; que le Roi en réüniſſant ſes fideles ſujets de la Guiane, leur procure l'occaſion, precieuſe pour eux, de renouveller annuellement à Sa Majeſté le tribut de Reſpect, D'amour et de Reconnoiſſance qu'ils lui doivent à tant de titres.

Sur *la Treizieme Propofition*, Il a été arrêté: que l'aſſembleé ne ſauroit meconnoitre les principes legiſlatifs qui y ſont contenus; que le ſilence des Lois, la tolérance du Prince et de ſes tribunaux ſur la violation des engagements ſeroit un malheur public et dont les débiteurs honnêtes ſe plaindroient eux memes; Mais que l'etat connu des fortunes de cette colonie et de ſes engagements ſollicite les Bontés du Roi par l'interceſſion de M. M. les adminiſtrateurs mêmes qui voudront bien ſupplier Sa Majeſté de ne point donner un effet retroactif à ſes ordres pour la liquidation des dettes et demander de nouvaux delais pour les debiteurs à la Caiſſe du Roi.

Et aprés avoir deliberé ſur les objets ci deſſus l'aſſemblée, invitée par M. M. les adminiſtrateurs de leur faire part de tout ce qui intereſſe et pourroit étre utile à la Colonie, demande.

1. L' Etabliſſement d'un Moulin Banal.

2. L'abrogation de l'uſage autoriſé d'enterrer certaines perſonnes dans les Egliſes.

3. La reduction des fêtes.

4. L' Exécution des Reglements faits pour préſerver les Etabliſſéments des ravages du betail et de l'incendie des ſavannes.

5. Une Extenſion d'encouragements pour les petits habitants qui ne ſauroient participer à ceux propoſés.

6. L' Exemption de cinq années de capitation pour ceux qui font de nouvelles plantations en Cacao.

7. L' aſſemblée ſollicite unanimement une Loi nouvelle, qui empeche le demembrement des *Sucreries* et autres grandes Manufactures entre les Coheritiers.

K

Sur

Sur tous lesquels objets *M. M. les Administrateurs* ont promis de folliciter les ordres du Roi.

Et Revenant à deliberer fur le memoire mis fur le Bureau par *M. de Prefontaine*, contenant des moyens de Liquidation pour les Debiteurs au Roi et de defrichement pour de nouveaux cultivateurs ; L'affemblée a declaré ces moyens utiles et propofables et a arrêté que le memoire ou ils font énoncés refteroit annexé au préfent *Procès Verbal.*

Fait et arrêté en L'affemblée Nationnale Le trente Mai, mil-fept-cent-foixante-dix-fept.

Signé — FIÉDMOND, MALOÜET, *De la Valliere, Vallée, Grouffou, Patris, Molere, Berthier, Courant, Artur, Prepaud, Vian, de Macaye, D'outreville, De Prefontaine, Albanel, Kerckove, De Balzac, Neron de Marangiez, De Marçenai, Marot, Tenguy, Bourda, Chambly, Robert, Vallet de Fayolle, Domengé, Decoux, Mettereaud, Brifaud, Clarac, Terraffon, Jubin, De Franqueville, Dela Foreft, Calvet, Pinau et Loeffler, Greffier.*

Apres quoi *M. le Commiffaire général,* a dit :

M E S S I E U R S !

C'eft avec la plus grande fatisfaction que nous avons prononcé l'arrêté de cette affemblée. Vos Regiftres feront foi et nous nous en glorifions de la liberté avec la quelle vous avez discuté vos avis. Les propofitions que vous avez rejettées font en général celles dont l'exécution etoit inutile ou dangereufe pour l'Etat et pour vous. Celles que vous avez adoptées doivent vous conduire à la Profperité. Quand aux obfervations érangeres que nous avons improuvées, nous nous felicitons de n'avoir employé vis à vis de vous que L'autorité de la raifon qui fuffit toujours pour ramener à la verité les hommes droits et eclairés.

En rendant compte au Roi de vos travaux *Meffieurs,* nous vous devons la juftice de dire, que chaqu'un de vous s'eft livré avec zéle aux recherches les plus pennibles et que nous regardons vos *Mémoires* comme un depot precieux *de faits et de reflexions intereffantes :* Il n'en eft aucun qui ne contienne des vûes utiles et plufieurs font l'ouvrage du *Patriotisme le plus éclairé.*

BIENFAICTEURS DE VOS CONCITOYENS! Cette époque vous attache plus particulierement à eux et les lie plus etroitement à vous.

Ren-

Rendus maintenant à vos travaux et à vos foins domestiques, feparés ou réunis, que les fontés du PRINCE qui vous apella le premier dans cette enceinte foient a jamais gravées dans vos cœurs, que fon Nom chéri foit fouvent dans votre bouche, et que *le Ministre éclairé* qui s'occupe avec tant d'interet de votre bonheur, ait part à votre reconnoiffance !

Nous vous renouvellons l'affurance de la protection de *Sa Majesté* et du Zéle pur avec lequel nous correspondrons toujours a fes Vues bien-faifantes.

ET L'ASSEMBLÉE S'EST SEPARÉE.

Pour extrait Conforme aux pièces Originales d.posées en mes Mains.

L'OEFFLER

Greffr. de L'affemblée Nationnale.

E R R A T A